BEI GRIN MACHT SICH IHR WISSEN BEZAHLT

Soziale Arbeit mit Familien. Eine multidisziplinäre Einführung

Bibliografische Information der Deutschen Nationalbibliothek:

Die Deutsche Nationalbibliothek verzeichnet diese Publikation in der Deutschen Nationalbibliografie; detaillierte bibliografische Daten sind im Internet über http://dnb.d-nb.de abrufbar.

ISBN: 9783346849052
Dieses Buch ist auch als E-Book erhältlich.

© GRIN Publishing GmbH
Nymphenburger Straße 86
80636 München

Druck und Bindung: Books on Demand GmbH, Norderstedt Germany
Gedruckt auf säurefreiem Papier aus verantwortungsvollen Quellen

Das Buch bei GRIN: https://www.grin.com/document/1344118

Fachhochschule Münster

Fachbereich Sozialwesen

Familie: Eine multidisziplinäre Einführung

Inhaltsverzeichnis

1 Vorbemerkungen zum multidisziplinären Blick auf Familie

1.1 Prägnante Merkmale mit Blick auf die Familie

Die Merkmale der Disziplin „Soziologie" im Blickwinkel auf Familie sind lange Zeit im Rahmen familiärer Strukturen eingebettet. Mittlerweile werden in der Soziologie die gesellschaftlichen Änderungsprozesse in Familien betrachtet.
Drei wesentliche Charakteristika von Familie werden von der Soziologin Rosemarie Nave-Herz benannt, dabei spricht sie von der „Differenzierung zweier Generationen", der „biologisch-sozialen Doppelnatur von Familie" und dem „wechselseitigen Füreinander-Einstehen durch Solidarität, Förderung und Versorgung". Der Terminus „biologisch-soziale Doppelnatur von Familie" geht auf den Soziologen Rene König zurück. Darunter ist zu verstehen, dass Familien und ihre Mitglieder miteinander in sozialer und biologischer Art und Weise verbunden sind. Allerdings wird auf die Beziehungen in der Interaktion der Familie hingewiesen, was die Sozialisation und das Hineinwachsen der Kinder in die Gesellschaft beschreibt (vgl. *Marx* 2011, S. 4-7).
Bei dem Merkmal des wechselseitigen Füreinander-Einstehens geht es um das Pflichtgefühl für gegenseitige Solidarität, Versorgung und Unterstützung der Generationen innerhalb einer Familie (vgl. *Peuckert* 2012, S. 607). Die Differenzierung zweier Generationen meint, dass immer Eltern mit den leiblichen Kindern, auch Stief-, Adoptiv- und Pflegekinder zusammenleben. Zu den Familiensystemen gehören neben alleinerziehenden Elternteilen und nicht-ehelichen Partnerschaften mit Kindern auch gleichgeschlechtliche Ehen. Die Merkmale der Erziehungswissenschaft bezüglich Familie sind Erziehung, Bil-dung und Sozialisation. Wobei das für die Familie erst relevant wird, wenn sie bei der Erziehung ihrer Kinder versagen oder pädagogische Fachkräfte bei ihren professionellen Bemühungen stören. Die Merkmale der Disziplin „Psychologie" sind in der Unterdisziplin „Familienpsychologie" zu finden. Diese sind die Entwicklungspsychologie, Bindungstheorie und Interaktionsforschung (vgl. *Marx* 2011, S. 6).

1.2 Verständnis von Familie in der Sozialen Arbeit

Die Familie ist eine Lebensform, die mindestens ein Elternteil und ein Kind beinhaltet, egal ob leibliches, Stief- oder Adoptivkind. Es gibt von gleichgeschlechtlicher Partnerschaft bis zu alleinerziehenden Elternteilen oder Gleich-geschlechtliche Ehen einige verschiedene Familienformen. Familie umfasst im Inneren zudem eine dauerhafte und durch persönliche Zusammengehörigkeit stigmatisierende Verbundenheit (vgl. *Thole/Höblich/Ahmed* Hg. 2015, S. 84).
Beim Verständnis von Familie gibt es Gemeinsamkeiten in den drei genannten Merkmalen der Soziologie. Bei der Erziehungswissenschaft gibt es ebenso Gemeinsamkeiten in den genannten drei Merkmalen, sowie auch in der Psychologie. Der Unterschied bezieht sich bei der Sozialen Arbeit auf das Ziel der Sozialen Arbeit. Ziel ist es, dass Menschen mit vielfältigen multiplen sozialen Problemlagen die Hilfe und Unterstützung durch Fachkräfte der Sozialen Arbeit erhalten, die sie zur Bewältigung ihrer Problemlagen benötigen. Mit dieser Hilfe soll das Wohlbefinden der Adressat*innen verbessert werden. Für die Soziale Arbeit sind die Regeln der Menschenrechte und der sozialen Gerechtigkeit von grundsätzlicher Bedeutung (vgl. *Mennemann/Dummann* 2016, S. 40-41).

2 Familie im historischen und gesellschaftlichen Kontext

2.1 Bedeutsame und gesellschaftliche Entwicklung von Familie

Bei der Kleinfamilie handelt es sich um eine vermeintlich junge Form des Zusammenlebens. Vorläufer der Familie nach heutigem Verständnis war die Sippe beziehungsweise die große Haushaltsfamilie. Im letzten Jahrhundert war die große Haushaltsfamilie aufgestellt wie ein Betrieb. Alle zogen an einem Strang und versorgten sich und ihre Familienmitglieder. Gekennzeichnet war die große Haushaltsfamilie zum einen von Ackerbau, Viehhaltung und Handwerk. Zum anderen gehörten der Haushaltsfamilie neben Verwandten auch Mägde und Knechte und deren Kinder an. Diese waren sogar erbberechtigt, da sie der großen Haushaltsfamilie angehörten. Alle 6 lebten unter einem Dach, deswegen war die große Haushaltsfamilie Gesellschaft und Gemeinschaft in einem.

Die Sippe ist eine soziale Gruppe, bei der alle Angehörigen Blutsverwandte sind. Sie lebten nicht alle an einem Ort, wie es bei der Haushaltsfamilie der Fall war. Mit der Wende zum 20. Jahrhundert verkleinerte sich die Familie durch den Übergang zu der industriellen Arbeits- und Lebenswelt in der Stadt, die geprägt wurde durch die ökonomischen Funktionen des Haushaltes, durch beengter Wohnverhältnisse und die Verstädterung. Heute gehören zum Allgemeinverständnis von Familie neben vielen anderen Werten Liebe, Vertrauen und Zugneigung, was damals nicht vorranging war, sondern eher der wirtschaftliche Aspekt und nicht die gefühlsmäßige Bindung.

Die Industrialisierung hat dazu geführt, dass zahlreiche städtische Haushalts-formen entstanden sind. Schutz war nur noch für ausgewählte Mitglieder der Hausgemeinschaft möglich. Der Grund liegt in der Aufspaltung des Oikos, womit in der Antike in Griechenland die den Lebensmittelpunkt bildende Haus- und Lebensgemeinschaft bezeichnet wurde. Nun wurde der Hausvater zum Erwerbstätigen, der mit seinem Gehalt seine eigene Familie so weit wie möglich unterhalten musste. Oftmals mussten auch Frauen und Kinder zum Lebensunterhalt beitragen. Nur die Blutsverwandten gehörten zur Familie, weitere Haushaltsmitglieder konnten nicht mehr versorgt werden. Unter dem Einfluss der Kirche wurde die Eheschließung zunehmend Grundlage der Familie (vgl. *Marx* 2011, S. 8-9).

Die gegenwärtige Situation von Familie stellt sich so dar, dass die meisten der Familien eher Kleinfamilien sind. Demgegenüber sind komplexe Familien-formen, wie Mehr-Generationen-Haushalte, immer weniger vorhanden. Getrennte Haushalte werden bevorzugt und sind in allen Schichten und Klassen der Bevölkerung Realität. Vor allem hat sich die Position der Frauen gewandelt. Bildung, Ausbildung und Erwerbstätigkeit sind auch für Mädchen und Frauen geöffnet (vgl. *Rosenbaum* 2014, S. 36).

2.2 Kernaussagen zur dreifachen Individualisierung

Die Ziele, Erwartungen und die Struktur von Familie haben sich in den letzten Jahrzehnten gewandelt. Damals diente Familie der Lebenssicherung, so auch die Ehe. Sie diente dem Zweck der Sicherung des Überlebens und der Sicherung der Nachkommen. Mit dem Übergang des ländlich-bäuerlich geprägten Lebens zur industriellen Arbeits- und Lebenswelt verkleinerte sich die Familie, mit veränderten ökonomischen Wohnverhältnissen. Zudem war die Aufhebung der damals so wichtigen Klassenkultur erkennbar (vgl. Marx 2011, S. 8).

Durch die Entstehung der Kleinfamilie und die Pluralisierung der Lebensformen haben sich Familienformen vermehrt, die es auch zu der damaligen Zeit schon gab. Neben Singlehaushalten und Lebensgemeinschaften ohne Trau-schein hat auch die Anzahl der Patchworkfamilien und gleichgeschlechtlichen Ehen, Ein-Eltern-Familien und andere Lebensformen zugenommen. In der Zukunft können vielleicht auch andere mögliche Lebensgemeinschaften entstehen, die es derzeit nicht gibt (vgl. *Peuckert* 2012, S. 11). Zu beachten ist auch die Veränderung der Familienphasen. Der These zufolge liegt, neben der Pluralisierung der Lebensformen, eine der wichtigen Kernaussagen in der Veränderung der Rolle der Frau. In den 50er und 60er Jahren des letzten Jahrhunderts war es selbstverständlich, dass Frauen ihrer Tätigkeit als Mütter und Hausfrauen nachgingen und für die Erziehung der Kinder zuständig waren. Der Bildungs- und der Erwerbstätigkeitsgrad der Frauen haben sich langsam denen der Männer angeglichen. Dadurch wurden die Frauen nach und nach selbstbewusster. In der Ehe hat zudem die Bedeutung von Liebe, affektiver Solidarität und Emotionalität zugenommen. Dies führte dazu, dass die Erwartungen an mehr Emanzipation beziehungsweise Gleichheit auch in der Partnerschaft gestiegen sind. Viele Paare haben sich von den Vorgaben der Elterngeneration gelöst und trennten sich von den klassischen Rollenleitbildern. In Verbindung mit Bildung, Mobilität, Arbeitsmarkt und Karriereplanung sind immer wieder Änderungen in den Lebensphasen, Beziehungsformen und bezüglich der Lebensabschnittspartner zu finden. Es entstehen somit Bastelbiografien durch mehr Freiheit, das Leben individuell zu planen, da unter anderem auch die kollektiven Normen und Werte weniger einschränkend sind als in den 60er Jahren. Durch diese Freiheit entsteht der Zwang, Verantwortung für die eigene Lebensgestaltung zu übernehmen, da die traditionelle Sicherheit der Familie nicht mehr existiert. Eine der wesentlichen Entwicklungen der Familie ist im Rückgang der Geburtenrate zu finden. Grund dafür sind neben den Bedingungen des Arbeitsmarkts, wie zum Beispiel die fehlende Vereinbarkeit von Familie und Beruf, die Wichtigkeit der Karriere aber auch der vermehrte Wunsch nach materiellem Wohlstand. Zwar hat sich die Familie gewandelt, jedoch hat das familiäre Zusammenleben keinesfalls an Bedeutung verloren (vgl. *Marx* 2011, S. 10-11, S. 18, S. 66).

Der Individualisierungsbegriff hat drei Dimensionen, eher bekannt als die drei-fache Individualisierung nach dem Soziologen Ulrich Beck, die mit der Modernisierung zustande kam. In den Kernaussagen sind Aspekte der Individualisierung sichtbar. Hierbei geht es um die Abschaffung traditioneller und historischer Sozialbindungen und Sozialformen. Dies ist zum Beispiel an der Freisetzung der Kontrollfunktion der damaligen Kernfamilie und der Freisetzung der Sozialen Klassen sichtbar. Beispielsweise ist dies festzustellen an der Situation der Frau. Mit der Berufstätigkeit ist diese frei von den Versorgungsbindungen in der Familie, was die Frau selbstbewusster gemacht hat. Auch mit der Bildungsangleichung wurden die Traditionen durchbrochen. Bei der zweiten Dimension der Individualisierung geht es um den Wegfall nicht nur von traditionellen Sicherheiten, sondern auch von Handlungswissen, Glaube und Normen.

In den Kernaussagen schon genannt, ist dies feststellbar in der Pluralisierung der Familienformen mit der Zunahme von verschiedenen Lebensformen, aber auch durch die Veränderung der Familienphasen. Die traditionelle Sicherheit der damaligen Familie existiert nicht, Normen und Werte sind nicht mehr ein-schränkend, ebenso wenig wie die Religion. Keine Norm oder Wert, kein Glaube ist besser oder schlechter als ein anderer. Zudem ist durch die zweite Dimension nicht nur der Wohlstand auf ein hohes Niveau gestiegen, son-dern auch Selbstentfaltung und Gleichbehandlung. Die dritte Dimension spricht von einer neuen sozialen Einbindung, sowie Kontrolle und Re-Integration. Ein wesentliches Kenn-zeichen ist die Verrechtlichung der gesellschaftlichen Beziehungen, da das Zusammenle-ben durch das Recht geregelt wird. Für alles gibt es klare Regeln. Beck spricht hier von Kontrolle. Beispielsweise muss der Mensch unter staatlichen Rahmenbedingungen seine Biografie herstellen. Die freie Berufswahl und die Anpassung der Bildungsabschlüsse wer-den gefordert. Alles wird zeitlich festgelegt, wie das Rentenalter, wann man als erwachsen gilt, wann man in das Bildungssystem und in die Arbeitswelt eintritt (vgl. *Abels* 2010, S. 227-237).

Die Auswirkungen der Individualisierung sind komplex: Sie wirkt auf Individuen, die Ge-sellschaft, die Welt. Der Grund des historisch gesellschaftlichen Wandels der Familie liegt in der Individualisierung. Beck bezeichnet die Individualisierung als einen Prozess in Rich-tung einer Risikogesellschaft. Mit Risikogesellschaft ist gemeint, dass durch die Moderni-sierung nicht nur technischer Fortschritt entstanden ist, sondern daraus auch nicht zu un-terschätzende Risiken für Menschen, Tiere und Pflanzen hervorgehen (vgl. *Marx* 2011, S. 10).

2.3 Fazit zur Aufgabe 2

Durch die Pluralisierung der Lebensformen sind Familien resp. Lebensgemeinschaften grundsätzlich auf Ressourcen von außen angewiesen. Dies ist relevant für die Soziale Arbeit, da sie auf den Menschen fokussiert ist, wobei das Ziel Hilfe zur Selbsthilfe ist, damit die Lebensführung gelingen kann. Menschen, die es nicht schaffen, einer gesicherten Le-bensführung zu erreichen, sind auf Hilfe angewiesen (vgl. *Kaminsky* 2018, S. 79ff).

Das Familienzyklusmodell ist auf Familien und Lebensgemeinschaften mit Kin-dern aus-gerichtet. Kinderlose und Alleinerziehende werden nicht erfasst, zu-dem wurden die Schei-dung und weitere Eheschließungen nicht berücksichtigt. Für die Soziale Arbeit ist es wich-tig, Familie nicht als normatives Modell zu betrachten. Durch die Erwerbstätigkeit der Frau, wurde das Betreuungsangebot der Kinder in Kindergärten sowie in Schulen dem ange-passt. Nichtdestot-rotz fehlt Einzelkindern die Möglichkeit, die Phasen der Sozialisation zu durch-laufen. Mit den Betreuungsangeboten ist es möglich, dass die Phasen der Sozia-lisation in Peer Groups in der Kinderbetreuung, wie der Offenen Ganztags-schule, der Ver-lässlichen Halbtagsschule oder mit Kindern aus der Nachbarschaft ausgelebt werden kann (vgl. *Marx* 2011, S. 16, S. 67).

Durch die Individualisierung und Pluralisierung hat in der Sozialen Arbeit ein Funktions-wandel stattgefunden. Meiner Meinung nach ist es praktisch von Vorteil, dass sich die Soziale Arbeit mit dem Schub der Individualisierung gewandelt hat und das Ausbrechen aus der Expertenhaltung gelingen konnte, da ich finde, dass Soziale Arbeit keine Wissens-vermittlung ist.

3 Zugänge zum Thema „Familie" – ausgewählte sozio-logi-sche und psychologische Theorien

3.1 Wesentliche Grundideen der sozilogischen Theorien

Talcott Parson ist der Hauptvertreter des Ansatzes des Strukturfunktionalismus. Der Struk-turfunktionalismus beziehungsweise diese Systemtheorie be-greift die Gesellschaft als eine Einheit, die in Strukturelementen angeordnet ist. Hiermit sollen wichtige Funktionen für die Individuen erfüllt werden, damit eine Gesellschaft funktionieren resp. überleben kann, in Form einer Leistungs-gesellschaft. Eine der wesentlichen Grundideen liegt darin, dass Parson es mit seiner Theorie ermöglichen wollte, die kollektive Entwicklung über mehrere Jahrhunderte zu erfassen.

Eine weitere Grundidee ist, dass mit dieser Theorie der Zusammenhalt resp. die Solidarität gefördert werden soll. Die Gesellschaft wird als ein System gesehen, das von anderen Teilsystemen, wie zum Beispiel Familie, abhängig ist. Jedes dieser Teilsysteme erfüllt bestimmte Aufgaben, die erwartet werden. Die Theorie verdeutlich, das Familien als ein Teilsystem verstanden wird, das definierte Funktionen beinhaltet. Neben Talcott Parson, gelten auch Marion J. Levy und Robert K. Merton zu den wichtigsten Vertretern (vgl. *Marx* 2011, S. 24-26).

Bei der Weiterentwicklung der funktionalistischen Theorie wurde die Betrachtung der Familie in zwei Richtungen weitergebildet: Zum einen wurden neue Formen des Zusammenlebens ergänzt, da die kollektiven Aufträge an die Familie gestiegen sind; zum anderen wurde die Familiensystemtheorie entwickelt, die sich vom Inhalt her als eine Präzisierung der allgemeinen Systemtheorie betrachtet. Die Grundidee ist es, das Überleben der Familie zu fördern sowie die Realisierung weiterer Ziele von Familie. Aber auch die Charakterisierung des Familienlebens ist ein Aspekt, der zu den Grundideen dieser Theorie gehört. Dabei geht es um die Ganzheitlichkeit der Familie, da Familie als Einheit gesehen wird, mit ihren vernetzten Angehörigen. Dabei werden personenspezifische Probleme als Indiz für ein systemisches Problem in den Interaktionsbeziehungen der Familie verstanden. Neben der Zielorientierung familiären Handelns geht es um Regelmäßigkeiten familiärer Interaktionen und um den Wandel erster und zweiter Ordnung (vgl. *Marx* 2011, S. 26-27).

Die Theorie Symbolischer Interaktionismus nach George Herbert Mead hat in Bezug auf die Familiensoziologie, die Sinnstruktur und identitätsstiftenden Mechanismen in den Interaktionen der Familienmitglieder. Die Grundidee liegt darin, dass das handeln von Menschen, auf dem Basis von Bedeutungen geschieht, die Situationen, Dinge oder Personen für sie besitzen. Es entstehen Rollen, Institutionen und Organisationen als konstruierte Wirklichkeiten, auch im Besonderen für die Familie. Die Ethnomethodologie setzt da insofern einen anderen Akzent, dass Methoden aufdeckt werden, die bei Familienangehörigen zum Einsatz kommen, um sich selbst und den anderen eine soziale Welt anzueignen (vgl. *Marx* 2011, S. 28-29).

3.2 Fazit zur Aufgabe 3.1

Überzeugend finde ich die Theorie des Symbolischen Interaktionismus. Ich arbeite in einer Beratungsstelle für alleinerziehende Frauen. Neben der Beratung für die Integration in den Arbeitsmarkt wird auch von den Sozialhilfeträgern eine Maßnahme für ein Coaching gebucht. Symbolischer Interaktionismus ist meiner Meinung nach sinnvoll, da es einen integrativen Ansatz hat. Außerdem geht es um die Interaktion mit den Klienten und auch um Empathie. Wenn ich mich nicht in meine Klientin hineinversetzen kann, dann kann es dazu kommen, dass ich ihre Bedürfnisse und ihre Beweggründe nicht verstehe. Da alle einen Migrationshintergrund und viele einen Fluchthintergrund haben, ist das Einander-verstehen und Kommunizieren das Wichtigste. Ich bin aber auch der Meinung, dass alle Theorien in Teilen Anwendbarkeit in einigen Handlungsfeldern der Sozialen Arbeit finden. Strukturfunktionalismus finde ich in meinem Handlungsfeld nicht überzeugend, da es um die Anpassung und Eingliederung in die Gesellschaft geht, was wir nichtsdestotrotz während des Durchlaufens der Maßnahmen in der Beratungsstelle von unseren Klienten erwarten. Das ist ein Prozess, das neben der Beratung und dem Austausch in den Gruppenangeboten geschieht. Es fehlt bei Strukturfunktionalismus aber auch an Individualität, Flexibilität und Freiheit. Bei der Weiterentwicklung der funktionalistischen Theorie geht es um die Funktion der Familie in der Gesellschaft, was wenig mit meinem Handlungsfeld zu tun hat, aber deshalb in der Sozialen Arbeit mit Familien doch überzeugend ist und Anwendbarkeit findet.

3.3 Kernaussagen der psychologischen Theorien

Die Psychoanalyse wurde Ende des 19. Jahrhunderts von Sigmund Freud als Wissenschaft begründet. Die Bedeutungszunahme der Psychoanalyse hat sich im Laufe des 20. Jahrhunderts durch vielfältige bedeutende Wissenschaftler zu dem begrifflich-theoretischen System herausgebildet. Eine der Kernaussagen ist, das Freud mit der Psychoanalyse das menschliche Leid begreifbar und relativ behandelbar machen wollte. So wollte er mit dem Ver-stehen von seelischen Beschwerden Heilungsprozesse bewirken. Ein wichtiger Aspekt liegt darin, dass Freud Modelle entwickelt hat, damit auf diese Weise ein Verständnis von Entstehung und Dynamik psychischer Leiden ermöglicht wird. Zudem lieferte er auch wichtige Methoden des Aufwachsens und wichtige Prozesse in der Familie. Ein anderer wichtiger Aspekt ist, dass die Psychoanalyse und der Einfluss von Sigmund Freund heute in vielen Disziplinen strahlt und seine Aussagen zum Teil bestätigt wurden (vgl. *Marx* 2011, S. 31-33).

Bei der Lerntheorie geht es um Modelle, die psychologisch erklärt werden. Die Lernvorgänge wurden beobachtet, durch Experimente bestimmt und in theoretische Entwürfe gefasst, die zum Verständnis und Beeinflussen von Lernvor-gängen von Bedeutung sind. Einen der Aspekte bilden die Experimente mit Tieren am Anfang der Theorie. Die Erkenntnisse daraus wurden später der menschlichen Entwicklung zugeordnet. Einen weiteren Aspekt stellen die zwei Richtungen der Lerntheorie dar. Zum einen handelt es sich dabei um die behavioristische Theorie, die Verhaltensveränderungen und das Herstellen von Reiz-Reaktions-Verbindungen unter abgewandelten Prämissen untersucht (vgl. *Marx* 2011, S. 36). Ein Aspekt ist auch, dass das Lernen nach dem Prinzip der klassischen Konditionierung und durch die operante Konditionierung erwünschter Reaktionen erfolgt. Hier wurden auch die Experimente mit Tieren durchgeführt. Wobei dabei eher einem sehr mechanischen Menschenbild gefolgt und der Mensch als rein reagierendes Subjekt gesehen wird. Eine Kernaussage lautet, dass die Denkprozesse eine zentrale Rolle spielen und es selten um ein Neulernen geht (vgl. *Schwarzer/Buchwald* 2014, S. 217-218). Zum anderen bindet die kognitive Theorie Lernprozesses Erkenntnisse und Gefühle ein. Eine Kernaussage ist, dass bei der kognitiven Lerntheorie das Lernen am Modell und lernen durch Einsicht geschieht. Dabei geht es um die Wahrnehmung, Informationsverarbeitung und das Verständnis der Menschen. Lernen von Vorbildern sowie Lernen aus negativen oder positiven Effekten sind wichtige Aspekte der Theorie (vgl. *Marx* 2011, S. 37). Ein weiterer essenzieller Aspekt liegt darin, dass eine Umwandlung des Weltbildes möglich ist. Dies geschieht bei äußerst komplexen Problemen, bei denen es zu einer tieferen Informationsverarbeitung kommt. Zudem ist es bei der kognitiven Lern-theorie so, dass Lernen auf Vorwissen aufbaut, so wird neue Information durch Assimilation in das Vorwissen integriert. Die kognitive Lerntheorie besagt, dass Wissen schon besteht, unabhängig von Lernenden (vgl. *Schwarzer/Buchwald* 2014 S. 218-220).

3.4 Fazit zur Aufgabe 3.3

Interessant finde ich erstmal die kognitive Lerntheorie an sich. Zudem auch, dass das Umwandeln des Weltbildes möglich ist, nach gewissen Vorausset-zungen. Zudem ist für mich die Kernaussage wichtig, dass der Lernprozess Erkenntnisse und Gefühle einbindet. Auf der anderen Seite finde ich den Aspekt in der behavioristischen Lerntheorie interessant, dass die Theorie zuerst an Tieren getestet wurde und dann der menschlichen Entwicklung zugeordnet werden konnte. Fachkräfte sollten in ihren Handlungsfeldern niemals behavioristische Lerntechniken anwenden. Das ist nicht ethisch und nicht menschen-würdig.

Als theoretische Grundlage könnte beziehungsweise sollte die kognitive Lern-theorie in dem Handlungsfeld der Beruflichen Beratung in Form von Nachhilfe in der Sprachförderung und am Anfang der Ausbildung in Form von Hausaufgabenhilfe eingesetzt werden. Auch die Bindung zwischen Fachkraft und Adressat sollte stabil und vertrauensvoll sein, so wird der Lernprozess positiv beeinflusst. Zudem haben Frauen viele Anforderungen im Berufsleben, auch durch das Lebenslangen Lernen, die zu beachten sind, wobei ständige Veränderungen Einfluss auf sie haben. Die Klientinnen lernen mit verschiedenen Methoden, den richtigen Weg für sich und ihre Zukunft zu finden. Dabei kann die kognitive Lerntheorie helfen, die Inhalte besser zu erlernen und zu verstehen. In den Gruppenangeboten, bei denen es um die Selbstvermarktung auf dem Arbeitsmarkt geht, hilft die kognitive Theorie beim Lernen durch Nachahmen und Lernen am Modell.

4 Entwicklung und Erziehung in der Familie

4.1 Prägnanteste Punkte der psychosozialen Entwicklung nach Erikson

Erik H. Erikson entwickelte in den 1950er Jahren das Modell der psychosozialen Entwicklung, das als wesentlicher Zugang zu humaner Entwicklung und Umgangsformen charakterisiert wird. Hierbei geht es um Entwicklungspsycho-logie, psychodynamische Prozesse zum einen des Psychischen und Interaktionen, soziales Umfeld und Lebensbedingungen des Sozialen zum anderen, das sich miteinander verbindet. Er teilt die Grundannahmen von Sigmund Freud und bezieht sich zum einen auf die Phasen der psycho-sexuellen Entwicklung und zum anderen entwickelte er, aufgrund empirischer Studien vier weitere Stadien, die der Entwicklung von der Geburt bis zum Tod. So entwickelte er das Konzept des vollständigen Lebenszyklus. Ein weiterer Unter-schied zu Freud liegt darin, dass Eriksons Untersuchungen im sozialen Umfeld von gesunden Kindern stattgefunden haben, während Freud seine Untersuchungen von erkrankten Erwachsenen rekonstruierte. Erikson geht bei seinen acht Phasen der psychosozialen Entwicklung davon aus, dass es in jeder der Phasen typische psychosoziale Krisen geben wird. Für jedes Stadium sieht Erikson einen Ausgang vor, der die Persönlichkeit positiv fördert oder eher negativ auf die Entwicklung wirkt, weshalb das Modell als normativ bezeichnet wird. Im Säuglingsalter kann sich die Krise im Spannungsfeld Urvertrauen versus Urmisstrauen abspielen. Erikson beschreibt die psychosoziale Krise in der Phase des Kleinkindalters im Spannungsfeld zwischen dem Wunsch nach Autonomie und auf der anderen Seite Scham und Zweifel. Die Phase der Adoleszenz ist für Erikson die wichtigste und auch prägnanteste Phase. In dieser Phase wird der Aufbau der ICH-Identität beeinflusst (vgl. *Marx* 2011, S. 41-44). Interessant wäre, wie Ehepaare ohne Kinder in diesem Lebenszyklus-Modell zu sehen sind. Gibt es erziehungsbetreffende Konstellationen? Wie stellt sich beispielsweise bei Menschen, die laissez-fair oder im Gegensatz autoritär er-zogen wurden, der Umgang mit den Krisen in den Stadien des Modells dar? Welche Gründe gibt es noch für den Ausgang solcher Krisen in den Lebens-zyklen, außer Erziehung? Folgen könnte auch die Kritik, dass eine Auseinandersetzung mit den Geschlechtern nicht mitbedacht wurde. Die Frage, was eine gesunde und was eine ungesunde Persönlichkeit charakterisiert, lässt Erikson offen. Was passiert, wenn der Mensch nicht die Krise bewältigt? Folgt dann auch die nächste Stufe, oder verweilt er immer noch in dieser Stufe?
Für die berufliche Praxis der Sozialen Arbeit enthält die Theorie von Erikson Potenzial, um die Sorgen und Bedürfnisse von Adressaten nicht nur zu erfahren, sondern die Handlungen der Adressaten besser zu verstehen. Jedes Ver-halten ist rekonstruierbar, auch dank verschiedener Denkansätze. Im Praxis-feld in der Arbeit mit Jugendlichen kann das Lebenszyklusmodell helfen. J-gendliche, die sich in der Adoleszenzphase befinden, sind auf der Suche nach Orientierung, Vorbildern und ihrer Identität. In einer Erziehungsberatungsstelle können Fachkräfte mit Hilfe des Modells grob verstehen, in welcher Auseinandersetzung sich der Jugendliche befindet, was er eigentlich benötigt und was ihm helfen würde. Fachkräfte, die in Schulen arbeiten, können mit diesem Modell den Entwicklungsstand von Vorschulkindern messen. Lösungen für jegliche Probleme bietet das Stufenmodell von Erikson nicht an.

4.2 Charakteristika der Bindungstheorie nach John Bowlby

Die Bindungstheorie nach dem Psychologen und Psychoanalytiker John Bowlby wurde zur gleichen Zeit wie die Theorie von Erikson entwickelt. Bowlby untersuchte das Bindungsverhalten zwischen Kindern und deren Bezugspersonen. Für die Bindungsentwicklung ist die regelmäßige Betreuung und Unterstützung durch die Bindungsperson sehr wichtig. Bowlby entwickelte mehrere Kernannahmen zu der Bindungstheorie. Er ist der Annahme, dass die emotionalen Bindungen zwischen Menschen einen ursprünglichen Status haben und eine biologische Funktion erfüllen. So wirkt sich die Eigenart der Behandlung des Kindes auf die Entwicklung der Persönlichkeit aus. Verhalten und Erwartungen richten sich hierbei am Bindungsverhalten aus und müssen als Teil eines Organisationssystems gesehen werden. Auch wenn sich das Bindungsverhalten generell als veränderungsresistent charakterisieren lässt, bleibt doch ein gewisses Potential für Veränderungen durch günstige oder schädliche Einflüsse bestehen.

Bowlbys Mitarbeiterin Mary Ainsworth hat die Bindungstheorie weiterentwickelt und den „Fremde-Situation-Test" (FST) entwickelt. Hierbei wird die Bin-dung zwischen Kind und Bezugsperson, nach bestimmten Kriterien getestet. Durch diesen Test gelang es Ainsworth, die Theorie beobachtbar zu machen. Es wurden Reaktionen von Kindern in acht verschiedenen Situationen beobachtet, wie sie Nähe und Distanz der Bindungsperson regulieren. Ainsworth unterscheidet zwischen drei Bindungsstilen und eine eher umstritten Verhaltensstrategie. Der erste Bindungsstil „unsichere-ambivalente Bindung" bezieht sich auf das unsicher-gebundene Kind, das zu Trennungsangst neigt, klammert und ängstlich ist bei der Erkundung der Umwelt. Beim zweiten Bindungs-stil „Sichere Bindung" ist das Kind zuversichtlich, dass Eltern ihm bei ängstigenden Situationen Sicherheit verschaffen. Die „vermeidend-unsichere Bin-dung" ist der dritter Bindungsstil, bei dem das Kind kein Vertrauen zu der Bezugsperson hat in Situationen, in denen das Kind Hilfe benötigt. Das Kind rechnet mit Zurückweisung und versucht, ohne Hilfe auszukommen. Bei der „Desorientiert-unsicheren Bindung" hat das Kind Angst vor der Bezugsperson und weist ein hohes Konfliktverhalten auf. Es besteht keine richtige Bindung zwischen Kind und Bezugsperson (vgl. *Marx* 2011, S. 44-46).

Besonders relevant für die Fachkräfte der Sozialen Arbeit ist die Bindungstheorie in der ambulanten Arbeit mit Familien, bei Anamnesegesprächen in Bezug auf das Bindungsverhalten, in der Erziehungsberatungsstelle und auch in der stationären Kinder- und Jugendhilfe, vielleicht in Hilfeplangesprächen des Jugendamts, um die Bindung zwischen Erziehungsberechtigte und Kinder zu er-kennen. Auf Grundlage dessen kann u. a. in der Beziehung zwischen Kindern und Fachkräften angemessene Hilfestellung geleistet werden. So lässt sich die Bindung reflektieren und nachvollziehen, was es Fachkräften der Sozialen Arbeit ermöglicht, angemessen auf Problemlagen zu reagieren.

4.3 Erziehungsstile nach Lewin und Hurrelmann

Erziehungsweisen in Familien, sowie in stationären Kinder- und Jugendeinrichtungen werden als Erziehungsstile charakterisiert. Der Psychologe Kurt Lewin entwickelte in den 1930er Jahren anhand von Beobachtungen vier Führung- resp. Erziehungsstile, dabei sind Erziehungsstile wiederkehrende Verhaltensmuster zwischen Erziehenden und Kind. Damals führte Lewin gruppendynamische Experimente zum Führungsstil in Jugendgruppen durch. Er gliederte anhand von Beobachtungen vier verschiedene Erziehungsstile. Zuerst unterschied Lewin zwischen dem „autoritären" und „demokratischen" Stil, dann bestimmte das Forschungsteam um Lewin zusätzlich den dritten „Laissez-faire" und vierten „autoritative" Erziehungsstil. Beim autoritären Erziehungsstil entscheiden die Erziehungsberechtigten, Gruppenleiter*innen, Erzieher*innen u. a., was, wie und von welchem der Kinder gemacht werden muss. Lob und Tadel werden ohne sachliche Klärung verteilt. Der demokratische Erziehungs-stil ist dadurch charakterisiert, dass Entscheidungen in der Familie gemeinsam getroffen und Erwartungen deutlich gemacht werden. Dabei werden Lob und Zuwendung sachorientiert verteilt. Beim Laissez-faire-Erziehungsstil sind keine klaren Vorgaben und Regeln und zudem eher eine Gleichgültigkeit dem Kind/den Kindern gegenüber vorhanden. Der autoritative Erziehungsstil kann als eine Variante des Laissez-faire-Stiles anerkannt werden. Im Gegensatz zum Laissez-Faire-Stil zeigen Erziehungs-berechtigte Interesse am Kind und geben Zuwendung. Dazu gehört auch die Gehorsam-keit des Kindes. Der Erziehungswissenschaftler Hurrelmann entwickelte, angelehnt an Le-win, eine Typisierung mit zwei Achsen (vgl. *Marx* 2011, S. 54 nach *Hurrelmann* 2012, 2006).

Die eine Dimension berücksichtigt die Stärke elterlicher Autorität, die andere berücksich-tigt, wie intensiv Eltern auf die individuellen Bedürfnisse ihre Kinder eingehen. Durch die hohe elterliche Autorität, welche den autoritären Erziehungsstil kennzeichnet, agiert das Kind nur nach dem Willen der Erziehungs-berechtigten. Seine Bedürfnisse werden kaum berücksichtigt.

4.4 Ziele der Elternbildung und Elternkurse

Im Zuge der Risikogesellschaft und der Freisetzung aus den traditionellen Rollenmustern entstand ein neues Interesse an Erziehungsstilen, mit der Tatkraft und der Bereitschaft, Leistungen von Kindern zu fördern. Das kollektive Interesse und die Erwartungen an den Erziehungsleistungen der Familie hat das Ziel, dass Kinder im schulischen Rahmen Leis-tungen erbringen, die im globalen Vergleich mithalten können und die Kinder in die Wirt-schaft einzubinden. Dadurch wurden/werden immer mehr Erwartungen und Ansprüche an Eltern herangetragen, was zur zunehmenden Verunsicherung und Überforderung in der Erziehung führt, besonders bei jungen Eltern.

Die Erziehungswissenschaftlerin Sigrid Tschöpe-Scheffler entwickelte fünf Säulen der gu-ten Erziehung. Dieses Modell scheint auf ersten Blick sehr all-gemein gehalten, ist aber mit der Absicht entstanden, Eltern und Erziehe*innen eine Hilfe zu Reflexion zu geben. Zudem besteht gesetzlich eine Pflicht der Eltern zur Erziehung ihrer Kinder nach §1 Abs. 2 SGB VIII. Um der Erziehungsleistung zu entsprechen, suchen Eltern Hilfe in Form von Printmedien, Radio oder Fernseher. Neben diesen Ratgebern gibt es allerdings auch ein großes Angebot an Elternbildungskursen, das Eltern in ihrem Versuch unter-stützt, die Kinder meist nach dem autoritativ-partizipativen Leitbild zu erziehen. Viele Eltern finden ihre Grenzen in der Erziehung und sind hilflos, mit der Elternbildung können sie ein ange-messenes Erziehungsverhalten erlernen. Die Elternbildungsprogramme sind in unter-schiedlichen Trägerstrukturen eingebunden, werden von ausgebildeten Personen durch-geführt und sind kosten-pflichtig. Das erschwert den Zugang für Eltern in verzwickten Le-benssituationen. Die verschiedenen Elternkurse, sind zum Teil zielgruppenspezifisch aus-gerichtet, wie der Elternkurs „STEEP", „Opstaje" und „Hippy" oder auch alters-spezifisch ausdifferenziert. Weitere Elternkurse sind neben „Triple P: Positive Parenting Program", „Starke Eltern – Starke Kinder" auch das „Prager Eltern-Kind Programm (PEKIP)", „STEP", „Freiheit in Grenzen, interaktive CDs zum Vorschul-, Grundschul- und Jugendalter". Die Elternkurse „Triple P" und „Starke Eltern – Starke Kinder" sind eher dem autoritativen Er-ziehungsstil an-gepasst, wobei bei fast allen Angeboten lerntheoretische Konzepte aus dem Bereich des operanten Konditionierens beziehungsweise Verstärkungslernen als Me-thode genutzt werden (vgl. *Marx* 2011, S. 55-61).

Ziel von Elternbildung ist es, den Eltern eine Orientierung zu bieten, damit sie für ihre Kinder ein entwicklungsförderndes Sozialisationsfeld schaffen, indem sich die Persönlich-keit der Kinder entfalten können. Auf der anderen Seite sollen durch Elternkurse, aber auch Erziehungsberatungsstellen Kenntnisse vermittelt werden, um bei Konflikten mit den Kindern neue Wege zur Lösung des Problems zu finden. Durch gemeinsame Eltern-Kind-Angebote soll den Familien geholfen werden, die Bindung zu stärken, so dass folglich Herausforderungen, wie Individualisierung von Biografien, Vereinzelung von Kindern, Wertewandel, Verunsicherungen, Kommerzialisierung von Freizeit durch Leitbilder bewäl-tigt werden können (vgl. *Textor* 2007, S. 369-370). Auch die Politik hat Programme zur familiären Unterstützung arrangiert, die für Familien aus allen Lebenssituationen und

Milieus zugänglich sind. Im Jahr 2003 entstand dadurch die Initiative „Lokale Bündnisse für Familien".

Leider ist mir keiner der Elternkurse bekannt, aber dass in einigen Elternkursen konditioniert wird und sozialer Ausschluss erlaubt ist, finde ich nicht empfehlenswert. Durch meine berufliche Tätigkeit in der Beratung von Müttern mit Migrationshintergrund sind mir die hiesigen politischen Programme bekannt. Gelegentlich bekomme ich Einblicke, dass meine Klientinnen Probleme in der Erziehung, Partnerschaft, Arbeitslosigkeit oder mit Leistungsträgern haben, so geschieht es, dass ich meine Klientinnen zu den Trägern dieser Programme begleite und wegweisend fungiere. Die politischen Programme von den verschiedenen Bundesämtern sind besonders relevant, da jedem der Zugang ermöglicht wird und Familien aus der Unter- und Mittelschicht die Möglichkeit geboten wird, um Unterstützung in Erziehungsfragen zu erhalten. Leider sind die Elternkurse kostenpflichtig und können daher nicht von allen Familien in Anspruch genommen werden.

4.5 Fazit zur Thematik „Erziehung"

Die Definitionen von Erziehung sind sehr vielseitig, aufgrund der Betrachtung aus mehreren Blickwinkeln. Meine Definition zur Erziehung lautet: Erziehung geschieht in sozialen Interaktionen zwischen den Erziehenden und dem Kind, unter Berücksichtigung der Entfaltung der Persönlichkeit und der Bedürfnisse. Erziehungsziele sind auch die Förderung von Selbstständigkeit, um ein autonomes Leben zu führen und neben der gesellschaftlich erwünschten Leistungsfähigkeit auch sich selbst zu verwirklichen. Herkunft, Bildungsniveau, Alter und Geschlecht spielen keine Rolle, jeder darf Erziehung und Bildung genießen. Einerseits kann ich nicht sagen, dass ein Kind ständig erzogen wer-den muss. Andererseits finde ich, dass die frühkindliche Erziehung wichtig ist, da Sprache/Kommunikation, emotionale Beziehungen, Werte und Kompetenzen gefördert werden und somit der Vorgang der Sozialisation entsteht. Das Elternhaus ist auch ausschlaggebend bei den Erziehungszielen. So sind beispielsweise die Erziehungsziele bei den meisten türkischen Gastarbeiterfamilien nach wie vor unvereinbar mit den Erziehungszielen deutscher Familien, da eher autoritär hinsichtlich Respektes und Familienehre erzogen wird. Zumal bietet Erziehung neben Orientierung, Freiheit und Einigkeit.

5 Familienalltag am Beginn des 21. Jahrhunderts – ausgewählte Aspekte

5.1 Kindeswohlgefährdung

Das Wohl des Kindes ist gesetzlich unter den Grundrechten (GG) und auch im Bürgerlichen Gesetzbuch (BGB) als Grundsatz festgelegt. So heißt es im sechsten Artikel des Grundgesetzes, dass die Pflege und Erziehung natürliches Recht der Erziehungsberechtigten sind, nur solange die Eltern ihre Er-ziehungspflichten nicht grob verletzen (Art. 18 Abs. 2 GG). In den Grundsätzen des BGBs steht neben anderen Grundsätzen, auch dass Kinder ein Recht auf gewaltfreie Erziehung haben (§1626 Abs 2 BGB).

Dabei gibt es vier Formen der Kindeswohlgefährdung (KWG): zum einen die Vernachlässigung, wie fehlender Schutz, Liebe, Erfahrungen, Beaufsichtigung und körperliche, geistige Anregung. Bei jeglicher Art der körperlichen Miss-handlung, wie Ohrfeigen, Prügeln, Würgen, Schütteln und Verbrennen, spricht man von Kindeswohlgefährdung. Bei seelischer Misshandlung, wie Einschüchterung, Isolierung, Ängstigung, Bedrohung und Gefährdung, Verspottung, Liebesentziehung und Nicht-beachten liegt ebenfalls eine Kindeswohl-gefährdung vor. Ferner spricht man bei jeglicher Art von sexuellem Missbrauch von Kindeswohlgefährdung.

Diese lässt sich außerdem nach der Häufigkeit, dem Schweregrad der Miss-handlung und nach dem Alter des Kindes unterscheiden. Weder die Häufigkeit noch der Schweregrad einer Misshandlung können etwas über das Ausmaß der Traumatisierung der Kinder aussagen. Es ist aber davon auszugehen, dass alle Formen der KWG die gesamte Entwicklung beeinträchtigen und zu seelischen und körperlichen Schädigungen führen. Zu den Folgen gehören psychosomatische, psychische und emotionale und kognitiven Krankheitszeichen, die von sozioökonomischen Faktoren, der Resilienz und sozialen Einfluss anhängig sind. Vor dem Hintergrund der öffentlichen Kritik am Jugendamt resp. im Wächteramt tätigen Fachkräfte, dass nicht angemessen auf KWG reagiert und gehandelt wurde, ist der Schutzauftrag bei KWG im Jahr 2005 durch das Kinder- und Jugendhilfeweiterentwicklungs-Ge-setz (KICK) gesetzlich dahingehend konkretisiert worden, dass Informationen in Kooperation mit dem Kind, mit den Eltern und mit dritten Institutionen gesammelt werden können. Durch die gesicherten Informationen kann so die Einschaltung eines Familiengerichts oder anderer Institutionen besser vorgenommen werden.

Das Jugendamt handelt nach den Vorgaben des § 8a des achten Sozialgesetzbuches. Unter anderem wird hier vorgeschrieben, dass das Gefährdungs-risiko von mehreren Fachkräften beurteilt werden soll, mit Einbeziehung der Erziehungsberechtigten und dem Kind, soweit der Schutz des Kindes nicht in Frage gestellt wird. So auch, dass das Jugendamt verpflichtet ist, soweit dies erforderlich ist, das Familiengerecht einzuschalten, um Schutzmaßnahmen treffen zu lassen oder bei dringender Gefahr das Kind in Obhut zunehmen (§ 8a SGB VIII).

Zur Umsetzung des Schutzauftrages sind klare Verfahrensvorschriften sowohl bei freien als auch bei öffentlichen Trägern der Kinder- und Jugendhilfe entwickelt worden nach den Vorgaben des KICK. Neben Screeningverfahren wer-den auch Risikoeinschätzungen vorgenommen, die unter anderem die Ein-schätzung der Gefährdung, der Sicherheit und der elterlichen Ressourcen vor-nehmen. Ferner wurden Einschätzungsbögen und Leitfäden für Fachkräfte entwickelt, um wichtige Elemente der Einschätzung nicht zu übersehen und ausführliche Informationen über kommunikative Beziehungsformen, Ordnung und Sauberkeit und über die familiäre Situation zu ermitteln. Risikofaktoren für eine KWG können in sozialen Faktoren oder auch in der Person der Eltern oder in der Person des Kindes liegen. Gründe von elterlichen Faktoren können eigene Gewalterfahrungen, Bindungsprobleme, psychische Erkrankungen o-der auch Konflikte in der Ehe sein. Die sozialen Risikofaktoren können materielle Probleme, wie Arbeitslosigkeit oder auch Abgeschiedenheit, wie zum Beispiel bei Migrantenfamilien sein. Auch können Eigenschaften des Kindes bei den Eltern Gewaltreaktionen hervorrufen, wie zum Beispiel, wenn das Kind ungewollt zur Welt kam, aber auch wegen des Geschlechts, aufgrund von Be-hinderungen, Beeinträchtigungen oder auch durch das Aussehen.

Präventionsmaßnahmen können im persönlichen Kontakt stattfinden: nur für Kinder, für die ganze Familie oder in Form von Gruppenangeboten. Ziele dieser Maßnahmen sind die Verminderung der Risikofaktoren, die Stärkung der Schutzfaktoren und Resilienz. Präventive Maßnahme können schon während der Schwangerschaft genutzt werden zur Unterstützung und Beratung werdender Eltern. Hierbei ist das Dormagener Modell vorbildlich für primäre Prävention. Fachkräfte der Sozialen Arbeit besuchen Eltern mit Neugeborenen. Es wird ein Begrüßungspaket mit nützlichen Gegenständen und einem Eltern-begleitbuch überreicht. So können sich Fachkräfte einen ersten Einblick verschaffen, damit Vertrauen geschaffen werden kann, um bei Bedarf Präventionsmaßnahmen einleiten zu können. Neben dem Dormagener Modell hat das Bundesministerium für Familie, Senioren, Frauen und Jugend im Jahr 2007 verschiedene Programme und Projekte für junge Familien ins Leben gerufen. Familienzentren hingegen sind Bestandteil der Präventionsnetzwerke in Kommunen und dienen zur Unterstützung, Beratung aber auch Vernetzung. Ange-boten sind hier offene Spielgruppen, die Organisation von Hausaufgabenhilfe, Gesprächsgruppen für Eltern, Referate und Vorträge und bei Bedarf individuelle Beratungen (vgl. *Marx* 2011, S. 69-76).

5.2 Vorgehensweise im Falle einer Meldung von Kindeswohlge-fährdung

Für die Bearbeitung dieser Aufgabe haben ich mich an den anerkannten freien Träger der Kinder- und Jugendhilfe „Jugendhilfe und soziale Integration (jusina) e.V." aus der Stadt Bocholt gewandt. Die jusina besteht als anerkannter freier Träger der Jugendhilfe seit dem Jahr 2003. Die Aufgabe besteht darin, dass Kinder und Jugendliche auf ihrem Weg in die Gesellschaft begleitet werden. Die jusina bietet Unterstützung in belastenden Situationen an und engagiert sich für die frühkindliche Bildung, Kooperation mit Schulen und die Vereinbarkeit von Familie und Beruf. Neben dem Jugendamt (Fachbereich Jugend, Familie, Schule und Sport) arbeitet die jusina mit dem Fachbereich Soziales, dem Fachbereich Jugend und Familie des Kreises Borken, sowie mit dem Landschaftsverband Westfalen Lippe. Bei einer Meldung von möglicher Kindeswohlgefährdung geht die jusina nach § 8a des achten Sozialgesetzbuches vor und nach einer Vereinbarung mit dem Jugendamt der Stadt Bocholt, die auch auf dem § 8a SGB VII basiert. Für das Vorgehen bei einer Meldung gibt es Handlungsanweisungen für Mitarbeiter*innen: Bei akuter Kindeswohl-gefahr sollen alle erforderlichen Maßnahmen installiert werden, um die bestehende Gefahr zum Schutz des Kindes abzuwenden. Danach erfolgt eine sofortige Meldung an das Jugendamt in Bocholt und eine Meldung an die Leitung der ambulanten Jugendhilfe. Unter aktiver Beteiligung des Jugendamtes folgen Absprachen über die weitere Vorgehensweise. Dann folgt eine gemein-same Einschätzung mit dem Allgemeinen Sozialen Dienst (ASD) des Jugend-amtes zur Kindeswohlgefährdung. Wird eine Kindeswohlgefährdung festgestellt entscheidet der ASD über weitere Vorgehensweisen.

Bei Verdacht einer latenten Kindeswohlgefährdung wird die Leitung der ambulanten Jugendhilfe informiert und in einem 4-Augengespräch eine Gefahreneinschätzung gemacht, um die Sachlage zu beurteilen. Das Jugendamt wird unverzüglich informiert, wenn sich der Verdacht bestätigt, und ein Termin für ein Fachgespräch mit dem ASD und der Leitung der Sozialpädagogischen Familienhilfe (SPFH) vereinbart, damit die weiteren Schritte vereinbart wer-den. Bei einem formulierten Schutzauftrag können gegebenenfalls tägliche Kontrollen in der Familie erforderlich sein. Dabei wird im Hilfeplan kontrolliert und dokumentiert. Bei möglichen Risiken wird eine Meldung an das Jugend-amt und der Leitung der ambulanten Jugendhilfe getätigt. Ab dem Zeitpunkt des Verdachtes dokumentieren beteilige Mitarbeiter*innen alle Schritte des Vorgehens, Absprachen und Vereinbarungen in standardisierten Dokumentationsvorlagen. Die jusina nutzt Diagnosebögen, um das Risiko der Kindeswohlgefährdung abzuschätzen und zudem wendet jusina einen Schutzvertrag an, damit sich die Eltern an die Vereinbarungen halten.

Zusatzaufgabe:

Die Entstehung der Kindheit

Im 18. Jahrhundert lebte die Mehrheit der Bevölkerung von der Landwirtschaft. Es wurden Arbeitskräfte benötigt, so mussten Kinder schon früh bei der Arbeit helfen. Diese Arbeit war sozusagen ihr Spiel, da sie kaum Freizeit hatten, um mit anderen Kindern zu spielen. So wurden Sechsjährige schon als volle Arbeitskräfte angesehen und mussten vor allem im hauswirtschaftlichen Bereich arbeiten. Zum Ende des 18. Jahrhunderts wurde vom preußischen Staat die Schulpflicht eingeführt, somit endete die frühe Kindheit und die späte Kindheit begann. Aus den Folgen der beginnenden Industrialisierung entwickelte sich durch Armut und Kapitalismus das Drama der Kinderarbeit, was aufgrund des Eingriffes durch den Preußischen Staat zum Teil verhindert wurde, da Arbeiten für Kinder unter neun Jahren verboten wurde.

Durch die sinkende Sterberate von Säuglingen veränderte sich die Existenz und Zukunft der Kinder. Mitte des 19. Jahrhunderts entstanden erste öffentliche Einrichtungen in Deutschland der Kleinkindererziehung aus dem Grund, dass Mütter tagsüber arbeiteten, um die eigene Familie vor Armut zu schützen. Auf der anderen Seite konnten Kinder nach der Vorstellung des Trägers ge-formt werden. Um die Bildung von Drei- bis Sechsjährigen zu fördern und um eine Verbindung zwischen Kindergarten und Schule zu schaffen, wurde der erste Kindergarten von Fröbel eröffnet. Zur Jahrhundertwende wurden Volks-kindergärten etabliert, um konfessionelle und konfessionslose Kindergärten zu vereinen. So wurden kleinere Gruppen eingerichtet mit einer Gruppenleiterin. Das staatliche Interesse an der Kleinkinderziehung kam erst durch soziale Probleme und Spannungen und auch durch den Geburtenrückgang auf. Das führte dazu, die Fürsorge für Mütter und ihre Kinder zu verbessern. Durch die Freisetzung der Mütter in die Kriegswirtschaft verbesserte sich der minimalhygienische und pädagogische Standard, wie auch die Ausweitung der Kindergärten während des ersten Weltkrieges. Im Laufe des Krieges wurden verschiedene Ämter, Ausschüsse und der erste Kriegskindergarten eröffnet. Zu-dem wurden Richtlinien für die Kinderfürsorge erlassen (vgl. EG2_*Pott-meier*_DieEntfaltung der Kindheit 2018, S. 1-7).

Literaturverzeichnis

Abels, Heinz (2010): Identität. Über die Entsteht des Gedankens, dass der Mensch ein Individuum ist, den nicht leicht zu verwirklichenden Anspruch auf Individualität und Tatsache, dass Identität in Zeiten der Individualisierung von der Hand in den Mund lebt. 2. Auflage, Wiesbaden: Verlag für Sozialwissenschaften

Kaminsky, Carmen (2018): Soziale Arbeit – normative Theorie und Professionsethik. Opladen, Berlin und Toronto: Verlag Budrich

Marx, Rita (2011): Einführung in die Human- und Gesellschaftswissenschaft am Beispiel Familie. Online: https://olat.vcrp.de/auth/Reposito-ryEntry/2521956364/CourseNode/84995936141024/DocEditor/0 (15.03.2020)

Mennemann, Hugo/Dummann Jörn (2018): Einführung in die Soziale Arbeit. Studienkurs Soziale Arbeit. 2. Auflage, Baden-Baden: Nomos Verlagsgesellschaft

Peukert, Rüdiger (2007): Zu aktuellen Lage der Familie. In: *Ecarius, Jutta* (Hg.): Handbuch Familie. Wiesbaden: Verlag für Sozialwissenschaften. S. 36-56

Peuckert, Rüdiger (2012): Familienformen im Sozialen Wandel. 8. Auflagen, Wiesbaden: Verlag für Sozialwissenschaften S. 11-28 und S. 593-639

EG2_Basistext (2019) Die Entstehung der Kindheit. Online: https://olat.vcrp.de/auth/RepositoryEntry/2521956364/CourseNode/84995936141631/DocEditor/0 (25.04.2020)

Rosenbaum, Heidi (2014): Familienformen im historischen Wandel. In: Stein-bach, Anja/Henning, Marina/Becker, Oliver Arránz (Hg.): Familie im Fokus der Wissenschaft. Familienforschung. Wiesbaden: Springer VS. S. 19-39

Schwarzer, Christine/Buchwald, Petra (2014): Umlernen und Dazulernen. In: *Göhlich, Michael/Wulf, Christoph/Zirfas, Jörg* (Hg.): Pädagogische Theorien des Lernens. 2. Auflage. Weinheim und Basel: Beltz Juventa. S. 213-221 26 *Textor,*

R. Martin (2007): Familienbildung. In: *Ecarius, Jutta* (Hg.): Handbuch Familie. Wiesbaden: Verlag für Sozialwissenschaften. S. 366-386

Thole, Werner/Höblich, Davina/Ahmed Sarina (Hg.) (2015): Taschenwörter-buch Soziale Arbeit. 2. Auflage. Bad Heilbrunn: Verlag Julis Klinkhardt